Ninja Life Hacks™

Este libro es dedicado a mis hijos- Mikey, Kobey Jojo.

Copyright © Grow Grit Press LLC. Todos los derechos reservados. Ninguna parte de este libro puede ser reproducida en ninguna forma sin el permiso por escrito de la editorial. Por favor, envíe solicitudes de pedido al por mayor a growgritpress@gmail.com Impreso y encuadernado en los Estados Unidos.
NinjaLifeHacks.tv

La Ninja Segura

Por Mary Nhin

Mi nombre es la Ninja Segura y vivo cerca de una montaña por un colorido manantial.

No tengo miedo de ser yo misma o de defender a los menos afortunados. Por ejemplo...

Si me confundo en clase, pido ayuda.

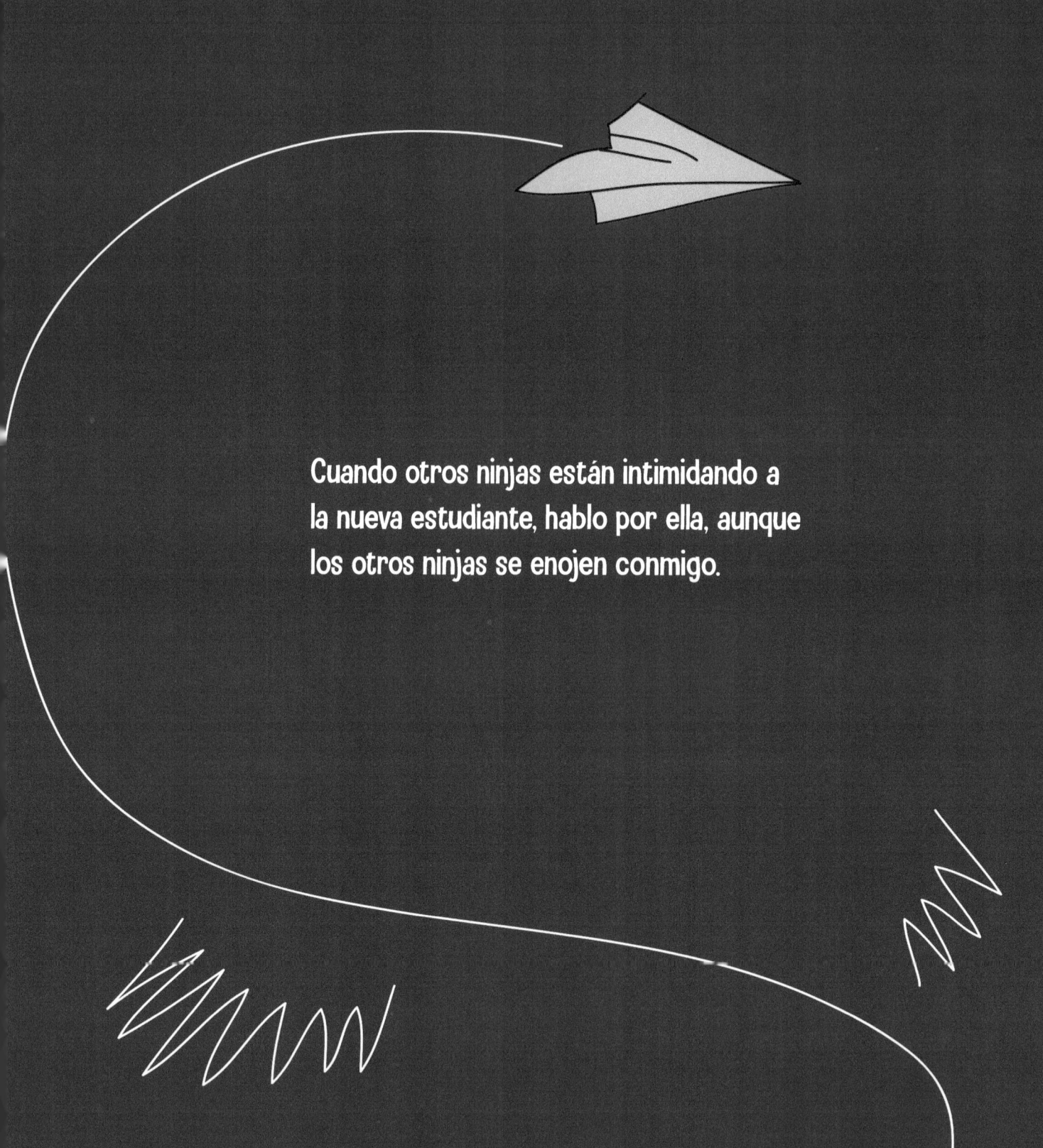
Cuando otros ninjas están intimidando a la nueva estudiante, hablo por ella, aunque los otros ninjas se enojen conmigo.

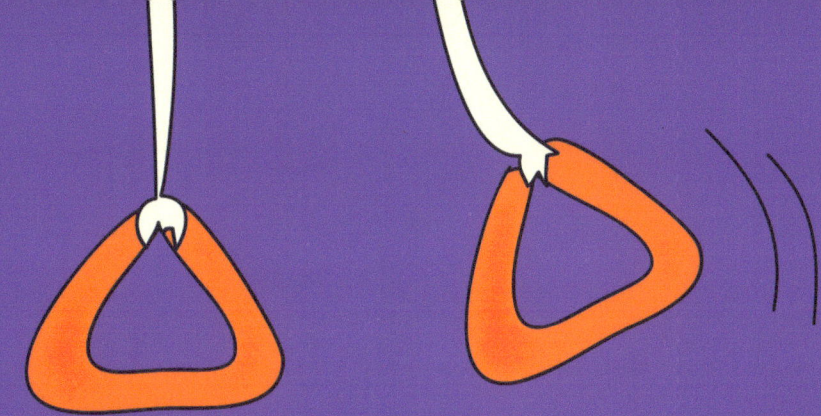

Durante la clase de gimnasia, no tengo miedo de intentar cosas nuevas o verme descoordinada...

Pero no siempre fue así...

Érase una vez, tuve poca confianza en mí misma.

Cuando la maestra pidió un voluntario quería levantar la mano, pero luego decidí que era mejor no hacerlo.

Y si veía algo que no debería estar pasando, dudaba en decir algo.

Ocúpate de tus asuntos.

Pero las cosas cambiaron un día cuando mi amiga, la Ninja Inteligente, compartió una forma secreta de construir confianza.

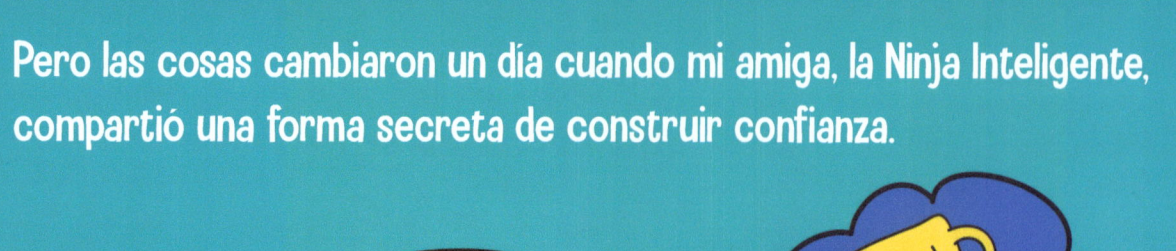

Hay un método que utilizo para ayudarme a tener más confianza y creer en mí misma. ¿Quieres saber qué es?

¡Sí, por favor!

Imagínate teniendo éxito.

Todos tenemos una voz interior en nuestra cabeza. A veces, esta voz dice cosas negativas como: ¡No puedes hacer eso!

Así que es bueno notar cuando esta voz negativa está hablando. Luego, reemplázala con un pensamiento positivo.

Una manera de imaginarte teniendo éxito es a través de un espejo de afirmaciones positivas. Nos recuerda que debemos decir algo positivo sobre nosotras mismas, antes de comenzar nuestro día. ¡Y si crees en ti misma, ya estás a mitad de camino!

Práctica fallando.

¿Sabías que las personas exitosas fallan muchas veces antes de tener éxito? J.K. Rowling fue rechazada por doce editores diferentes antes de que uno escogiera "Harry Potter".

Fallar no es malo, es necesario. Los ninjas que fallan regularmente siguen intentando tener una mentalidad de crecimiento. Creen que eventualmente tendrán éxito.

Por ejemplo, los hermanos Wright fallaron siete veces antes de diseñar un avión exitoso.

Esa noche, anoté mi objetivo.

Pensé en las veces que fui amable...

inteligente...

y valiente.

Soy agradecida.

Soy inclusiva.

Soy compasiva.

Soy amable.

Soy animosa.

Soy positiva.

Soy inteligente.

Soy valiente.

Después de que fallé varias veces en el equipo de baloncesto, decidí intentarlo de nuevo. Practiqué mucho, me esforcé y comí sano.

Y luego, ¿adivina qué pasó?

¡Así es! Entré al equipo.

El recordar el Código de Confianza podría ser tu arma secreta para combatir la baja autoestima.